Til Mette

SCHEISS AUFS KLIMA!

CARTOONS ZUR KLIMAKRISE

Frank Bahr, BECK, Harm Bengen, Bettina Bexte, Stefanie Bräuning-Orth, BURKH, Thomas Couné, Uli Döring, Rainer Ehrt, Tim Oliver Feicke, Kai Flemming, Gerhard Glück, Katharina Greve, Markus Grolik, Felix Gropper, Hauck & Bauer, Ruth Hebler, Oli Hilbring, Michael Holtschulte, Phil Hubbe, HUSE, AD Karnebogen, Petra Kaster, Kittihawk, Norman Klaar, Dorthe Landschulz, Mario Lars, Madig & Vulgaire, Wolf-Rüdiger Marunde, Piero Masztalerz, Til Mette, Denis Metz, NEL, OL, Thomas Plaßmann, Ari Plikat, Rattelschneck, Leonard Riegel, Holga Rosen, Stephan Rürup, Heiko Sakurai, Schilling & Blum, Bettina Schipping, Klaus Stuttmann, Peter Thulke, ©TOM, Freimut Woessner, Miriam Wurster.

Herausgegeben von Martin Sonntag und Saskia Wagner

LAPPAN CARICATURA

1. Auflage 2023
- Orignalausgabe -
ISBN 978-3-8303-3666-2

Umschlagcartoon: Frank Bahr
Herausgegeben von Martin Sonntag und Saskia Wagner
Lektorat: Antje Haubner
Layout | Herstellung: Ralf Wagner

FOLGT UNS! facebook.com/lappanverlag
Instagram.com/lappanverlag
www.lappan.de

MIX
Papier | Fördert gute Waldnutzung
FSC® C002795
FSC www.fsc.org

Wir produzieren nachhaltig
- Klimaneutrales Produkt
- Papiere aus nachhaltigen und kontrollierten Quellen
- Hergestellt in Europa

Der vorliegende Band entstand anlässlich der Ausstellung
»Scheiß aufs Klima! – Cartoons zur Klimakrise« in der Caricatura Galerie Kassel.

Das Komische an der Klimakrise ist, dass sie nicht komisch ist. Glaubt man den Klimawandelforschern und den Klimaaktivisten, ist sie bitterer Ernst.

Glaubt man den anderen, ist alles ganz klar: Es gibt keinen Klimawandel ... na gut, doch, aber der ist nicht menschengemacht ... na gut, doch, aber da können Einzelne ja auch nichts dran ändern ... na gut, doch, aber jetzt ist es eh zu spät. Dieser Erkenntnisprozess zog sich schleppend über viele Jahre hin, und jetzt haben wir das Theater.

Aber ist dieses Theater eher Tragödie oder Komödie? 48 Zeichnerinnen und Zeichner der Komischen Kunst sind dieser Frage nachgegangen, schließlich sind sie das wahre Expertengremium. Die Ergebnisse ihrer Forschungen sind erschütternd: Der Mensch an sich ist ein noch lächerlicheres Wesen als bisher vermutet. Und das ist bei allem Ernst der Lage total komisch. Nicht dass wir uns falsch verstehen: Der faktisch vorhandene Klimawandel mit seinen Folgen ist ein großes Drama für die Menschheit. Aber jedes Drama schreit nach der Erlösung durch Komik und den entlastenden Witz.

Die Cartoons in diesem Buch werden den Klimawandel wohl nicht stoppen, aber sie zeigen uns auf, wie unfassbar dämlich wir uns manchmal anstellen. Vielleicht hilft's ja doch noch was ...

Martin Sonntag und Saskia Wagner

ICH BIN SO KNAPP DAVOR, SOO KNAPP DAVOR, FÜR DEN KLIMASCHUTZ AUF DIE STRASSE ZU GEHEN!!!
... SOOO KNAPP!!!
TIL

...DAS ERSTE MAL SEIT MENSCHENGEDENKEN IST DIESER GEHEIMNISVOLLE KRATER EISFREI! ICH BIN TOTAL GESPANNT, WAS WIR DORT ENTDECKEN!
reset

Forscher untersuchen Exoplaneten

Gegen Erderwärmung hilft nur Verschattung: Mehr Weltraumschrott.
Militärischer!

Bild
Die 50° Angst!
OH MEIN GOTT! DAS IST 30°-WÄSCHE!
...WENN DER WINKEL 90° HAT UND DER DA 40°, DANN HAT DIESER ... OH MEIN GOTT!
α = 40°
β = ?
ICH KANN GAR NICHT HINSEHEN – DABEI SIND ES ERST 40°! WIE SOLL DAS BLOSS WERDEN, WENN ... OH MEIN GOTT!
Denis

TOUCHÉ
by ©TOM
MANN! DA KAM AUF ARTE GERADE EINE SENDUNG ÜBER DIE ERDERWÄRMUNG!
DAS HÄTTE MICH JETZT SCHON INTERESSIERT, OB DIE MENSCHENGEMACHT IST!
IST SIE.
MEHR MENSCHEN, MEHR VOLLIDIOTEN, MEHR HÖLLE, MEHR WARM.

TOUCHÉ
by ©TOM
O FÜRST DER FINSTERNIS! KANN ES SEIN, DASS DIE HÖLLE HÖLLISCH HEISSER GEWORDEN IST?
NA SICHER!
ES GEHT UM MEINE KERNKOMPETENZ UND MARKTDOMINANZ IM ERWÄRMUNGSWETTLAUF!
DAS HAB ICH JETZT NICHT VERSTANDEN.
ICH ERWARTE ENTSETZEN, WENN DIE KUNDEN HIER ANKOMMEN!
UND NICHT: „OH! GEIL! KLIMAANLAGE!"

Überraschend zurück in den deutschen Charts:
Like ice in the sunshine
Feeling hot hot hot
Heatwave
Hot in the city
Endless Summer
Steffi
Profiteure des Klimawandels

UND ICH SAG NOCH "CREM DICH EIN"! MIT DEM KLIMAWANDEL IST NICHT ZU SPASSEN!
QUATSCH KLIMAWANDEL. SONNENBRAND GAB'S FRÜHER AUCH.
UL!

©KASTER
BAUERNREGEL 117:
ZIEHT DIE SCHNECKE DIE MARKISE
IST DIE ERNTE IN DER KRISE.

DANK KLIMAWANDEL: MEHR REGIONALE BIOPRODUKTE

UNSERE MILCHBAUERN STELLEN SICH LANGSAM AUF DEN KLIMA-WANDEL EIN.
Kamel
Milch
©KASTER

HIER GIBT'S NIX MEHR
ZU TEILEN, MOSES!
I.
NOK

HIER MUSS MAL EIN OZEAN GEWESEN SEIN

OKAY, ABER JEDER NUR FÜNF MINUTEN!
©grolik

MANCHMAL SIEHT MAN DEN WALD VOR LAUTER DÜRRE NICHT.
©ROSEN

BEi DER HITZE WIRD DAS iNTERNET GANZ LANGSAM

Alles halb so schlimm!

SCHLIMM, WIE DAS JETZT ALLES AUSSIEHT…
DAFÜR HABEN WIR ABER DEN MONET HIER.
HOLTSCHULTE

WIR HABEN DIE SONNE FRÜHER IMMER SO GEMACHT!
PETER THULKE

WIE MAN BERÜHMT WERDEN KÖNNTE:
GIBT'S HIER VIELLEICHT JEMANDEN, DER SICH AN MEIN BILD KLEBEN MÖCHTE?
PETER THULKE

So bringt ihr einen verbohrten Klimawandel-Leugner wie mich nicht zum Umdenken! So nicht!!

Wie dann?

LIEBE LESERINNEN UND LESER, WIR MÜSSEN UNS AN DIESER STELLE ENTSCHULDIGEN. DER KARIKATURIST HAT AUS SOLIDARITÄT MIT DEN KLIMAPROTESTEN SEIN HEUTIGES BILD MIT KARTOFFELBREI BEWORFEN UND MICH HIER FESTGEKLEBT.

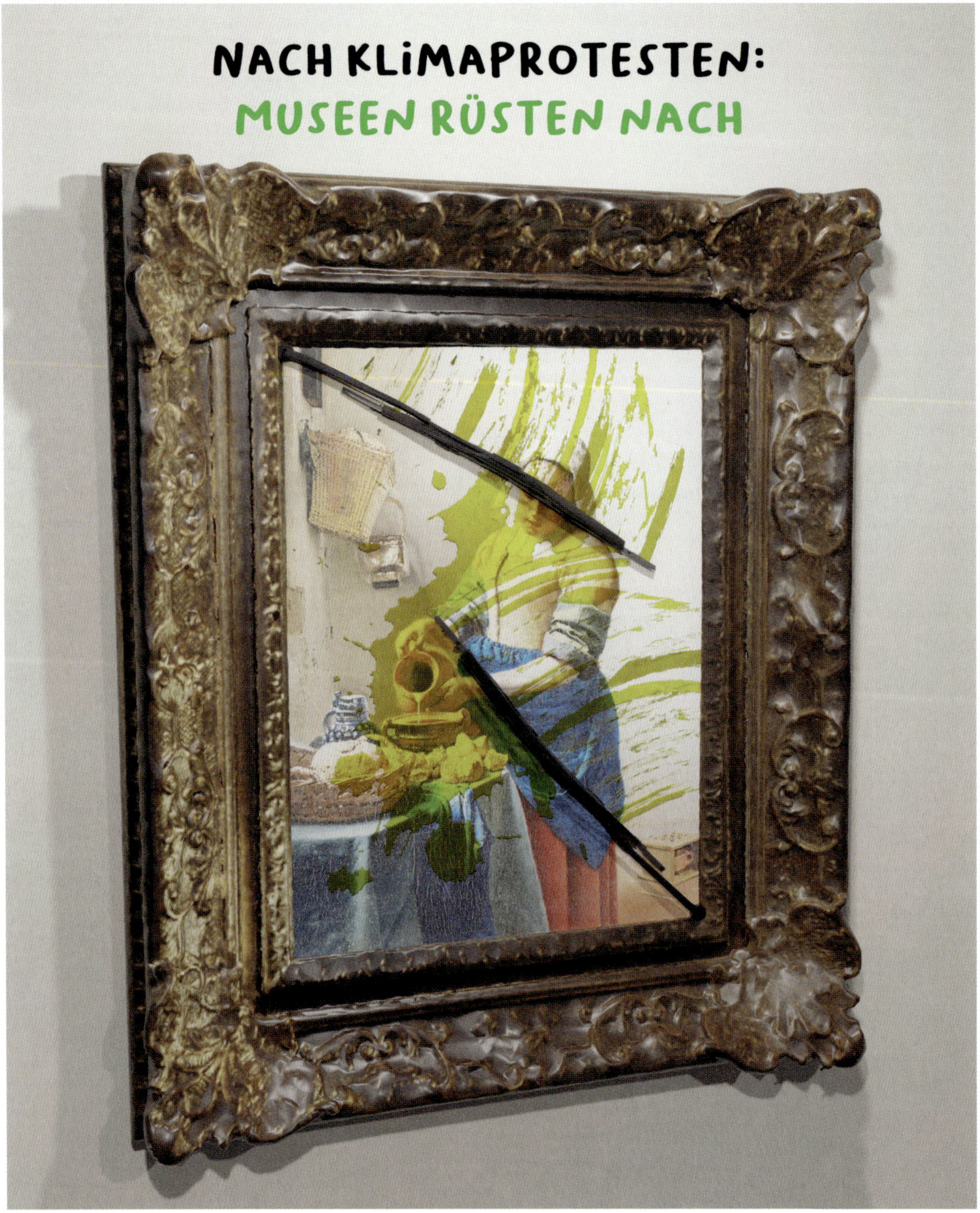
NACH KLIMAPROTESTEN:
MUSEEN RÜSTEN NACH

HABE ICH NEULICH AUF DER ART COLOGNE GEKAUFT.
LAST GENE-RATION
TIL

KLEBT DER DA FÜR DEN KLIMASCHUTZ ODER SCHNORRT DER UNSER PAY-TV?
ULI

NEIN, ES IST KEIN KLIMAPROTEST. BEI DER HITZE SIND NUR MEINE PLASTIKREIFEN FEST GESCHMOLZEN...
WASSER 1
POLIZEI
POLIZEI
POLIZEI
FEICKE

HILBRING
Die Aktivisten sehen älter aus als beim letzten Mal.
Wir sind von "Eltern haften für ihre Kinder."
POLIZ

NIE MEHR IM STAU STEHEN:
AUTOINDUSTRIE REAGIERT AUF KLIMAPROTESTE

JETZT NEU!
mein erster klimastreik
Enthält:
Straßenteppich
Warnweste
Sekundenkleber

HAFTSTRAFEN FÜR KLIMA-AKTIVISTEN ?

NEIN VERDAMMT, ICH BIN KEIN KLIMA-AKTIVIST
POLIZEI

AM WOCHENENDE WIRD DIE ZEIT ZURÜCK GESTELLT.
UND ZWAR AM BESTEN GLEICH UM MINDESTENS 40 JAHRE!!
Fridays for future
I ♥ KLIMA ACT NOW
FEICKE

BLACK FRIDAYS FOR EVER
FRIDAYS FOR FUTURE

DU WILLST MIT AUTOS SPIELEN, GRETA? WIR HABEN DIR DIESEN NA-MEN NICHT UMSONST GEGEBEN!
PETER THULKE

Bist du wegen des Klimawandels hier oder weil du Schule schwänzen willst?
Sind Sie wegen des Klima-wandels hier oder weil wir Schule schwänzen?
KLIMA SCHUTZ
H&B

Kornelia Birkhuhn sorgt sich, weil ihr Mann ständig den
Atem anhält, um das Weltklima zu retten.

HUUP! HUUUP!
BRUMM!
SAG MAL, DER TYP DA IN DEM SUV AM FLUGZEUG, DER EIN RIESENSTEAK ISST... DAS IST DEIN VATER?!
JA. STECKT GRAD IN'NER TROTZPHASE.
SOS
FRIDAYS FOR FUTURE
MAT

WENN ICH JETZT NUR NOCH 3487 MAL KEINE CURRYWURST ESSE, KANN ICH CO2-MÄSSIG WIEDER EINMAL NACH ÄGYPTEN UND ZURÜCK FLIEGEN...
GRILLPALAST
HUSE

DIE SEYCHELLEN DROHEN WEGEN DES STEIGENDEN MEERES-SPIEGELS UNTERZU-GEHEN.
DANN SOLLTEN WIR DA SCHNELL NOCH MAL HIN-FLIEGEN.
BTI

TIL
FRANKFURT
LH 107
3
ICH FAHRE MIT DEM FAHRRAD IN URLAUB! SCHON WEGEN DER UMWELT.

SOS bzw. wenn du das lesen kannst, hast du eine Scheiß CO2-Bilanz.
LANDSCHULZ

KING KONG
CINEPLE
nächster Film 17 45
KINO 3
15 00
17 45
20 30
22 45
Fridays for Future
nature
RÜRUP
Einer der ersten ganz großen Fluggegner.

Was schaufelst Du eigentlich dauernd massenhaft Veggie-Sachen in Dich rein?!
CO_2-Bilanz. Fliege demnächst auf die Kanaren.
Woessner

Alle sind auf Mallorca, Kreta, Sizilien... nur wir können uns keinen Urlaub leisten...
Sag ihnen, wir sind wegen „flight shame" hiergeblieben...
wurster

TIL
ICH FAND'S OKAY, DASS DU DEN KAPITÄN NACH DER GRÜNEN UMWELTPLAKETTE GEFRAGT HAST.

KLIMASCHUTZ?
KLAR, WIR VERZICHTEN
DIE NÄCHSTEN SECHS
WOCHEN MAL AUFS AUTO.
HOLTSCHULTE

AIDA-CAMPING

Klimawandel halb so wild: Elon Musk baut erdähnliches Luxushotel

Aber ja nicht für etwas Klimaschädliches ausgeben!
KA.GREVE

Bevor wir uns küssen, sind Sie für oder gegen den Klimawandel?

FLEMMING
IST DIR AUCH AUFGEFALLEN, DASS SEIT GRETA AUFGETAUCHT IST, DIESE SO GENANNTEN "KLIMAKATASTROPHEN" IMMER HEFTIGER WERDEN?
WOW! ICH GLAUB, DU BIST DA WAS GANZ GROSSEM AUF DER SPUR.

Die globale Erwärmung hat unangenehme Folgen.
HILBRING

NATÜRLICH sind sie unheimlich!
Aber auch verdammt praktisch!
KA. GREVE

WETTERHÄUSCHEN IM KLIMAWANDEL

DER MODETREND ZUM KLIMAWANDEL

DA STECKEN DIE LEUTE VOM FERNSEHEN HINTER, SCHATZ! DIE HABEN HIER IRGENDWO IHRE KAMERAS VERSTECKT UND FILMEN ALLES, WAS WIR JETZT MACHEN!
Kebab Stuben
Rodeo-Grill
Pizza
MARUNDE

Zur Blaualgenblüte an die Ostsee

Schwanensee – gekippt

147500 TIER- UND PFLANZENARTEN SIND VOM AUSSTERBEN BEDROHT.
IST DER MENSCH DA MIT-EINGERECHNET?
BTi

Hier fahren wir erst wieder hin, wenn das Insektensterben weiter fortgeschritten ist!
HEBLER

ARTEN-
STERBEN
DURCH
KLIMA-
WANDEL
MIR EGAL. ICH
BIN VEGETARIER
TIL

SZENE, DIE DANK ERDERWÄRMUNG WO-
MÖGLICH SELTENER ZU SEHEN SEIN WIRD.

"Endlich mal Weihnachten im eigenen Nest!"
steffi

HELFEN SIE, DEN WEIß-STORCH ZU ERHALTEN!
Ihr Engagement in allen Ehren, guter Mann …
… aber man würde doch meinen, es gibt derzeit Wichtigeres als den Erhalt des Weißstorchs.
Nicht für den Weißstorch.
H&B

Parkordnung

WIR FLIEGEN EIGENTLICH AN DEN FEIERTAGEN NIE WEG, ABER DER KLEINE HAT SICH SO SEHR WEIẞE WEIHNACHTEN GEWÜNSCHT

ICH MÖCHTE NICHT WISSEN WAS DER KLIMAWANDEL NOCH SO BRINGT

WHALE-WATCHING
WAR GESTERN

Siegfried Blaschek rettet das Abendland!

DER KLIMAWANDEL ERÖFFNET VÖLLIG NEUE FREIZEITMÖGLICHKEITEN...

Anstieg des Meeresspiegels: Erste Flamingos lassen sich die Beine verlängern.
LANDSCHULZ

TOUCHÉ
by ©TOM
HEY, SCHWIMMEN IST SUPER! KEINE ANGST, DU SCHAFFST DAS! ICH BRING ES DIR BEI!
HIER IST ES WIE IN NEW YORK! WENN DU ES HIER SCHAFFST, SCHAFFST DU ES ÜBERALL!
NEW YORK GEHT AUCH BALD UNTER.

DIE KLIMAERWÄRMUNG MACHT MIR ANGST.
STELL DIR NUR 'MAL VOR, DER MEERESSPIEGEL STEIGT BIS HIERHIN AN.
WAS DANN?
HMM...
HUBBE

HÄNDE ÜBER DEN WASSER-SPIEGEL!
ARI

ZUMINDEST GIBT ES KEINEN STREIT MEHR, OB WIR ANS MEER ODER IN DIE BERGE FAHREN.
KITZ-STEINHORN
BTI

Angeblich sollen ja Kinder vom Klimawandel am stärksten betroffen sein

Vielleicht sinkt der Meeresspiegel ja wieder, wenn der ganze Müll raus kommt…?!

Wenn wir auf Plastik verzichten
Worin sollen wir dann schwimmen?
DOG FOOD
RÜRUP
Gibt es ein Leben ohne Plastik?

Ein weiterer Vorteil: Er schwimmt immer oben – auch wenn der Meeresspiegel steigt.
Hier entsteht für Sie ein neuer **Kontinent**
Pecunia
KA.GREVE

Häh?!? Warum bist du denn plötzlich FÜR den Anstieg der Meeresspiegel?!?
Das verdünnt den Dreck.
KA.GREVE

SO VIEL PFAND - JETZT NOCH EINE PLASTIKTÜTE

GLOBAL
INTERFRIGO

R EHRT
CLIMATE TERR

LOHNT SICH DAS DENN, WENN WIR SOWIESO AUS DER KOHLE AUSSTEIGEN?
JE MEHR KOHLE MAN HAT, DESTO BESSER KANN MAN AUSSTEIGEN!
RWE
Lützerath
Stadt Erkelenz
Kreis Heinsberg
HB

„KLIMATERRORISTEN" IST DAS UNWORT DES JAHRES.
DAS KOMMT ZUR UNZEIT.
POLIZEI
HB

WIR HABEN DAS DRITTE REICH VOM LEHRPLAN GENOMMEN, ZUGUNSTEN DER GESCHICHTE DES ÖKOTERRORS.
Letzte Generation
FLEMMING

Goldener Kohleausstieg

Ein schärferes Klimaschutzgesetz

Die gute Nachricht zuerst, bis 2060 wird Saudi-Arabien klimaneutral sein, schon allein deshalb, weil (die schlechte Nachricht) bis dahin die Ölvorräte erschöpft sind...

Je schneller wir alle fossilen Brennstoffe verbrennen, desto schneller können wir das Klima retten!
Klingt plausibel.
BECK

Unser Unternehmen muss grüner werden!
SCHILLING & BLUM

Gastronomie reagiert auf Klimawandel

Sie haben also berechnet, dass man mit der Abwärme der Waldbrände rund 600.000 Haushalte beheizen könnte.
Dafür müsste man sie natürlich in den Winter verlegen.
KA.GREVE

RATTELSCHNECK
KLAUS UND ICH DENKEN, DASS SICH KATZEN MIT STUMMELSCHWANZ AM ENDE DURCHSETZEN. MAN KANN SCHNELLER DIE TÜR HINTER IHNEN SCHLIEßEN. REDUZIERTE HEIZKOSTEN.

Von den paar Hysterikern ließen sie sich ihren abendlichen Waldspaziergang gewiss nicht vermiesen.

So, Waldsterben beendet

.... wenn der Wald schon tot ist, kann er wenigstens nicht brennen...
wurster
Im Deutschen Wald

Forest for Future

Lass mal, wir warten einfach das waldsterben ab!
SCHILLING & BLUM

NOK
DIE LINDENSTRAßE HEUTE.

TOUCHÉ
by ©TOM
HAST DU HEUTE NICHT WALDSCHÜTZERTREFFEN?
DA GEH ICH NICHT MEHR HIN.
DIE SIND DOOF.
GENERIKA, DIE HOHLE NUSS, HAT JETZT WAS MIT EINEM KLIMASCHÜTZER!
WIE SCHÖN!
HUG TREES
NOT WAR!
SCHÖN?! EIN VOLLARSCH!
„ANGESICHTS DER GLOBALEN ERWÄRMUNG IST ES GERADEZU PERVERS, BÄUME AUCH NOCH IN DEN SCHWITZKASTEN ZU NEHMEN!"

Ich sehe keinen
Klimawandel!
FG'19

AUCH KLIMASKEPTIKER?
UL!

KLIMAKRISE! DAS IST GENAUSO EIN QUATSCH, WIE "RAUCHEN IST TÖDLICH"!
GUCK MICH AN: LEBENDIG, WIE EIN JUNGES REH!
MAT

ALLES LÜGE! DIE KLIMAWANDEL-LEUGNER GIBT ES GAR NICHT!
Denis

WENN ICH GROSS BIN, WILL ICH SO WERDEN WIE IHR UND AUF DIE ZUKUNFT MEINER KINDER SCHEISSEN!
Denis

WIE LANGE SO EIN KLIMAWANDEL WOHL DAUERT?
NOK

Was habt ihr eigentlich getan als es noch nicht zu spät war?
Auf Twitter darüber gestritten wer die Schuld trägt
FG22

Weltklimarat
Es ist 5 vor 12! Verstehen Sie, was ich meine?!
Mittagspause!!!
LAND SCHULZ

KLIMA, KLIMA, KLIMA!!
KÖNNEN WIR VIELLEICHT
EINMAL ÜBER WAS
ANDERES REDEN?!
INTERNATIONALER
KLIMAGIPFEL
MAT

Was zieh ich denn an zur Klimaschutzkonferenz?
Deine Hochwasserhosen natürlich.
Woessner

WIR MÜSSEN ENDLICH MAL HANDELN, STATT IMMER NUR ZU REDEN!!
ALSO, DIE IDEE WÜRDE ICH GERN NOCHMAL IN RUHE DISKUTIEREN...
ICH AUCH.
ICH AUCH.
KRISENSTAB
FEICKE

KLIMAKONFERENZ
CHINA
INDIEN
DEUTSCHLAND
STIMMT ES, DASS IN DEUTSCHLAND FAMILIEN-VÄTER BEI LAUFENDEM MOTOR IM AUTO SITZEN UND GENERVT AUF DIE FAMILIE WARTEN?
ÄH...
LIEBE CHINESEN, LIEBE INDER - BITTE NICHT NACHMACHEN!!!
CHINA
INDIEN
DEUTSCHLAND
RATTELSCHNECK

... beenden wir den Klimagipfel 2050 hier auf dem Großglockner und vertagen alle Beschlüsse auf das nächste Treffen auf dem Kilimandscharo.
KA.GREVE

IDEEN BITTE: WAS KÖNNEN WIR FÜR DEN KLIMASCHUTZ TUN?
KLATSCHEN FÜRS KLIMA?
UL!

Die Luft für gefakete Diesel wird immer dünner. Lasst uns besser Drogen verkaufen!
BURKH

Das Kartell

EINES TAGES WERDE ICH MEINEN ENKELN ERZÄHLEN: „EUER OPA IST AUCH NICHT IMMER NUR AUTO GEFAHREN…"
YES!
TIL

AH -OT
WENN SIE NOCH EINMAL DAS WORT „NACHHALTIG" SAGEN, HAUT IHNEN MEIN MANN EINE REIN!

Die 10 GRÖSSTEN Lügen von SUV FAHRERN:
1 ICH HABE EIN' HUND
2 MAN HAT BESSERE SICHT
3 Es ist doch ein BLUE TEC
4 PINNEBERG KREISSTADT
Wir wohnen auf dem LAND
5 IKEA
6 HOHE KANTSTEINE
FLEM MING
7 Passive Sicherheit
8 Eigentlich wollten wir ja einen Kombi
9 Der Händler hat mir ein Super Angebot gemacht
1 x Autowäsche
10 WIESO? Es ist doch ein DACIA!
SCHOLLI

Letzte Generation: Sie können es nicht lassen.

Vom weltweiten CO_2-Ausstoß macht Deutschland nur 2 Prozent aus!
Also von diesem Thema mache ich bestimmt nicht meine Wahl abhängig.
Du willst wählen gehen?
Natürlich! Warum?
Naja, wieviel Prozent macht denn deine Stimme aus?
H&B

Ich weiß nicht, warum ich plötzlich dieser Greta zuhören soll.
Wenn man sich für das Thema wirklich interessiert, sollte man wohl besser den Klimawissenschaftlern zuhören.
Aber was fordert Greta denn die ganze Zeit? Dass wir endlich den Klimawissenschaftlern zuhören!
Wie gesagt: Ich hör der nicht zu.
H&B

Sehen Sie?
Hätte ich damals auf diesen Klimaquatsch gehört,
stünde mir das Wasser jetzt auch bis zum Hals.
HOLTSCHULTE

Und mit der erhöhten Sitzposition haben Sie einen bequemen Blick auf den Klimawandel.
Der neue Honco
HH·ONC·O
FLEMMING

LET'S PREPARE FOR THE SINTFLUT

WENN DU EINMAL EIGENE KINDER HAST, DARFST DU DANN DEREN PLANET ZERSTÖREN
UND JETZT STEIG EIN
MADIG&VULGAIRE

V8-MOTOR, 7 LITER HUBRAUM, Bi-TURBO, 560 PS! FEINES MOTÖRCHEN!
UND WAS IST DAS DA AUF DEM DACH?
EIN SOLARPANEL! DAMIT LADEN WIR UNSERE E-MOUNTAINBIKES. KLIMANEUTRAL! MAN MUSS JA WAS TUN!
©TOM

Mit der „Letzten Generation" auf der Rückbank

Forderung nach Tempolimit auf deutschen Autobahnen

CO2
CO2
CO2
Das liegt doch an Ihnen, dass es hier nicht vorangeht!!!

Würden alle Menschen auf der Welt so leben wie wir, bräuchte es 3 Erden.
Na, dann bestellen wir halt noch 2 auf Amazon!
LAND SCHULZ

KRONE DER SCHÖPFUNG

Die Cartoonist:innen

Frank Bahr wurde 1969 in Stuttgart geboren. Er zeichnet und malt, seit er aufrecht sitzen kann, lebt heute an und teilweise auf der Ostsee und arbeitet als freier Maler, Karikaturist und Cartoonist. Im Jahr 2019 gehörte er zu den Siegern des NABU-Cartoonwettbewerbs zum »Speicherwald«.
www.frank-bahr.net
S. Umschlag, 18, 20, 35, 65, 66, 67

BECK wurde 1958 in Leipzig geboren. Seine Cartoons erscheinen regelmäßig in Print- und Onlinemedien in Deutschland, England und der Schweiz. Er wurde vielfach ausgezeichnet. In den Jahren 2003, 2007 und 2013 belegte er etwa den ersten Platz beim »Deutschen Karikaturenpreis«.
www.schneeschnee.de
S. 52, 84, 85

Harm Bengen wurde 1955 in Arle, Ostfriesland geboren. Er absolvierte eine Lehre als Lithograf, bevor er in Bremen Grafikdesign studierte. Seit 1986 arbeitet er als freischaffender Künstler und veröffentlicht in zahlreichen Zeitschriften und Zeitungen.
www.harm-bengen.de
S. 27, 80

Bettina Bexte wurde 1964 geboren. Sie studierte Kunst, Illustration und Trickfilm in Bremen und ist dort heute als Illustratorin und Cartoonistin tätig. Ihre Cartoons erscheinen unter anderem in *Brigitte*, *Familie & Co.* und *Der Bunte Hund*. Im Jahr 2016 belegte sie den dritten Platz beim »Deutschen Karikaturenpreis«. 2018 gewann sie dort den Publikumspreis.
www.bettina-bexte.de
S. 58

Stefanie Bräuning-Orth wurde 1972 in Kassel geboren, studierte dort Biologie und Wirtschaftswissenschaften und arbeitet heute als Wissenschaftliche Bibliothekarin in der Kasseler Universitätsbibliothek. Auch wenn sie es nicht zu ihrem Beruf gemacht hat, so ist das Zeichnen von Cartoons doch eine Leidenschaft, die sie schon ihr ganzes Leben lang begleitet
S. 15, 63

BURKH wurde 1952 in Mölln geboren. Er studierte Bildende Kunst in Münster und veröffentlicht im *Eulenspiegel*, in der *taz*, in *Die Zeit*, im *Tagesanzeiger*, in der *Welt am Sonntag*, in der *Süddeutschen Zeitung* und im *kicker*. Im Jahr 2006 belegte er den ersten Platz beim »Deutschen Karikaturenpreis«, 2008 den dritten.
www.burkh.com
S. 82, 91, 105

Thomas Couné wurde 1958 in Düsseldorf geboren und studierte Kommunikationsdesign in Essen. Er arbeitet mit den Schwerpunkten Konzeption/Kreation für zahlreiche Unternehmen und ist nebenberuflich Illustrator und Grafiker. Seit 2016 beschäftigt er sich auch mit Komischer Kunst. Er malt in Krefeld, lebt in Düsseldorf.
www.coune.website
S. 59

Uli Döring wurde 1971 in Bonn geboren und lebt als zeichnender Versicherungskaufmann in Köln. Seine Cartoons erscheinen unter anderem in den Magazinen *Satoon* und *Eulenspiegel*. Im Jahr 2019 gehörte er zu den Siegern des NABU-Cartoonwettbewerbs zum Thema »Speicherwald«, 2020 gewann der den »Deutschen Cartoonpreis«.
www.uliwood.wordpress.com
S. 16, 30, 56, 95, 104

Rainer Ehrt wurde 1960 in Elbingerode/Harz geboren und lebt in der Nähe von Berlin. Er veröffentlicht unter anderem im *Eulenspiegel*, im *Cicero*, in der *Süddeutschen Zeitung* und im *Manager Magazin*.
www.edition-ehrt.de
S. 78, 79

Tim Oliver Feicke wurde 1970 in Hamburg geboren. Der »Karikajurist« arbeitet hauptberuflich als Richter und veröffentlicht seine Cartoons in diversen Tageszeitungen, im *Eulenspiegel* sowie monatlich in der *Deutschen Richterzeitung* und *RENOpraxis*.
www.feickecartoons.de
S. 30, 36, 103

Kai Flemming wurde 1964 geboren. Er arbeitet als Werbetexter. Seine Cartoons veröffentlicht er unter anderem in der *Frankfurter Rundschau*. Im Jahr 2017 wurde er beim »Deutschen Karikaturenpreis« als bester Newcomer ausgezeichnet, 2021 belegte er den zweiten Platz.
www.kaiflemming.com
S. 53, 81, 108, 112

Gerhard Glück wurde 1944 in Bad Vilbel geboren und lebt in Kassel. Er war lange Zeit Kunsterzieher an einem Gymnasium. Inzwischen ist er ausschließlich als Cartoonist und Illustrator tätig. Er veröffentlicht regelmäßig in *NZZ-Folio* und im *Eulenspiegel*. In den Jahren 2000 und 2005 belegte er den ersten Platz beim »Deutschen Karikaturenpreis«. 2017 wurde er mit dem »Göttinger Elch« geehrt.
www.gerhard-glueck.de
S. 40, 68

Katharina Greve wurde 1972 in Hamburg geboren und lebt in Berlin. Sie studierte an der TU Berlin Architektur. Seit 2002 arbeitet sie freiberuflich als Comiczeichnerin, Autorin und Künstlerin. Sie wurde vielfach ausgezeichnet. Zuletzt belegte sie im Jahr 2021 den dritten Platz beim »Deutschen Karikaturenpreis«.
www.freizeitdenker.de
S. 51, 55, 76, 88, 104

Markus Grolik wurde 1965 in München geboren, wo er immer noch lebt. Seit 1995 ist er als freier Zeichner und Autor für diverse Verlage tätig. Er veröffentlicht in der Fachzeitschrift *HMD-Praxis der Wirtschaftsinformatik*.
www.markus-grolik.de
S. 21, 37, 49, 109, 113

Felix Gropper wurde 1992 in Krefeld geboren und studierte Kommunikationsdesign in Saarbrücken und Bratislava. Seit 2019 arbeitet er beim Fußballkulturmagazin *11 FREUNDE* und verbringt seine Freizeit mit zeichnen.
S. 94, 99

Hauck & Bauer – Elias Hauck und Dominik Bauer sind beide Jahrgang 1978 und stammen aus Alzenau. Hauck zeichnet und Bauer schreibt die Texte für ihre Cartoons. Das Duo veröffentlicht unter anderem in der *Frankfurter Allgemeinen Sonntagszeitung* und in *Titanic*. Sie wurden mehrfach ausgezeichnet, zuletzt 2018 mit dem »Geflügelten Bleistift für eine besondere Leistung« beim »Deutschen Karikaturenpreis«.
www.hauckundbauer.de
S. 39, 63, 110

Ruth Hebler ist Jahrgang 1973, Eifelmädchen und Autodidaktin. Ihre Cartoons erscheinen unter anderem in den Magazinen *stern*, *Eulenspiegel* sowie in verschiedenen Tageszeitungen, Cartoonbüchern und Kalendern. Darüber hinaus ist sie die Hauszeichnerin der Zeitschrift *Sozial Extra*. Sie wurde mehrfach ausgezeichnet. Zuletzt belegte sie im Jahr 2021 den zweiten Platz beim »Deutschen Cartoonpreis«.
www.ruthhebler.de
S. 60, 74, 87

Oli Hilbring wurde 1968 in Ludwigshafen geboren. Er lebt mit Familie, vielen Stiften und Hund in Bochum. Er veröffentlicht unter anderem in *Revier-Sport*, im *Rookie Magazin* und auf *ehrensenf.de*. Zudem betreibt er den Cartoon-Blog »Schön doof«. Im Jahr 2022 belegte er den ersten Platz beim »Deutschen Cartoonpreis«.
www.oli-hilbring.de
S. 31, 54

Michael Holtschulte wurde 1979 in Herne geboren. Er studierte neuere deutsche Literaturwissenschaft, Sozialpsychologie und Politikwissenschaft und arbeitet heute als freiberuflicher Cartoonist und Illustrator. Seine Cartoons sind regelmäßig in der *taz* und der *Süddeutschen Zeitung* zu sehen. Er wurde mehrfach ausgezeichnet, unter anderem erhielt er im Jahr 2021 den »Hertener Bürgerpreis für kulturelles Engagement«.
www.totaberlustig.de
S. 24, 48, 111

Phil Hubbe wurde 1966 in Haldensleben geboren. Er zeichnet regelmäßig für diverse Tageszeitungen sowie die Zeitschrift *kicker*. 1985 erkrankte er an Multipler Sklerose und machte auch dies zum Thema seiner Cartoons. Im Jahr 2006 wurde er mit dem »Hertie-Preis« für Engagement und Selbsthilfe ausgezeichnet.
www.hubbe-cartoons.de
S. 71

HUSE wurde als Björn Ciesinski 1976 in Bremen geboren. Er lebt und zeichnet mit Familie in Hamburg. Seine Cartoons sind in Publikationen wie dem *stern*, dem *Eulenspiegel* und *Titanic* sowie in diversen Büchern veröffentlicht. Im Jahr 2022 belegte er den dritten Platz beim »Deutschen Karikaturenpreis«.
S. 42, 50, 62

AD Karnebogen wurde 1976 geboren. Seine gestalterischen Anknüpfungspunkte sind Mustererkennung, Analogiebildung sowie generelle und spezielle Ideenfindung in Wort und Bild. Im Jahr 2016 belegte er den dritten Platz beim »Deutschen Karikaturenpreis«, 2021 den ersten Platz beim »Deutschen Cartoonpreis«.
www.ad.karnebogen.net
S. Umschlag innen, 28, 32, 33

Petra Kaster wurde 1952 in Mülheim an der Ruhr geboren. Sie studierte Visuelle Kommunikation an der Folkwang-Hochschule in Essen und arbeitet als Trickfilmautorin und Zeichnerin. Ihre Cartoons erscheinen in diversen Zeitschriften, Zeitungen und Büchern. Sie wurde mehrfach ausgezeichnet. Zuletzt belegte sie im Jahr 2019 den zweiten Platz beim »Deutschen Cartoonpreis«.
www.petrakaster.de
S. 17, 19, 69

Kittihawk wurde 1972 in Recklinghausen geboren. Sie veröffentlicht unter anderem im *Spiegel*, in *Zitty*, in *Titanic*, im *Schädelspalter* und in der *Sächsischen Zeitung*. In den Jahren 2009, 2015 und 2019 belegte sie den dritten Platz beim »Deutschen Karikaturenpreis«, 2013 ebenfalls den dritten Platz beim »Deutschen Cartoonpreis«.
www.kittihawk.de
S. 82, 109, 116

Norman Klaar wurde 1980 im wunderschönen Rheinland geboren, direkt zwischen der damaligen Hauptstadt Bonn und der Domstadt Köln. Heute schreibt er Bücher für Kinder und Erwachsene und kritzelt Cartoons.
instagram.com/klaartoons
S. 20, 93, 99

Dorthe Landschulz studierte in Hamburg und Paris Illustration. Sie lebt in der Bretagne und zeichnet Cartoons unter anderem für *Titanic*, die *taz*, den *Eulenspiegel*, *Tierwelt Schweiz* und seit 2019 wöchentlich für den *stern*. 2013 belegte sie den dritten Platz beim »Deutschen Karikaturenpreis«, 2014 den dritten und 2022 den zweiten Platz beim »Deutschen Cartoonpreis«.
www.facebook.com/EinTagEinTier
S. 44, 70, 100, 118

Mario Lars wurde 1964 in Hagenow geboren. Er arbeitet als Grafiker, Journalist, Zeichner und Autor und veröffentlicht im *Eulenspiegel*, in der *Schweriner Volkszeitung* und in der *Sächsischen Zeitung*. Er wurde vielfach ausgezeichnet. Zuletzt belegte er im Jahr 2019 den ersten Platz beim Kunstpreis »Das Goldene Segel«.
www. farbfiguren.de
S. 73, 90

Madig & Vulgaire alias Andreas Rohrböck wurde 1990 in Wien geboren und wohnt in St. Pölten. In der Tiefe seiner Witze findet man vom schlechten Kalauer bis zur bissigen Sozialsatire, jeden noch so schlechten Schmäh auf Papier gebannt. Im Jahr 2022 wurde er als bester Newcomer beim »Deutschen Karikaturenpreis« ausgezeichnet.
www.madig-vulgaire.com
S. 114

Wolf-Rüdiger Marunde wurde 1954 in Hamburg geboren, studierte an der Hamburger Fachhochschule für Gestaltung und lebt im Wendland. Nach *stern* und *Brigitte* sind seine Cartoons seit vielen Jahren in der *Hörzu* zu sehen. Er wurde mehrfach ausgezeichnet. In den Jahren 2002 und 2020 belegte er etwa den ersten Platz beim »Deutschen Karikaturenpreis«.
www.wolf-ruediger-marunde.de
S. 10, 57, 64

Piero Masztalerz ist Jahrgang 1970. Er veröffentlicht unter anderem im *Handelsblatt*, in den *Lübecker Nachrichten* und im *Eulenspiegel*. Er wurde mehrfach ausgezeichnet. In den Jahren 2011 und 2019 belegte er etwa den ersten Platz beim »Deutschen Cartoonpreis«.
www.schoenescheisse.de
S. 41, 96, 101

Til Mette wurde 1956 in Bielefeld geboren. Er studierte Kunst und Geschichtswissenschaften in Bremen. Seit 1995 erscheinen seine Cartoons exklusiv im *stern*. Er wurde vielfach ausgezeichnet. Im Jahr 2013 belegte er etwa den ersten Platz beim »Deutschen Cartoonpreis«, 2020 den dritten.
www.tilmette.com
S. 4, 9, 29, 44, 47, 61, 106, 107

Denis Metz wurde 1974 in Wipperfürth geboren. Er veröffentlicht seine Cartoons – neben anderen Zeitschriften und Websites – auch in *Titanic*. Im Jahr 2012 wurde er mit dem Publikumspreis beim »Deutschen Karikaturenpreis« ausgezeichnet.
www.schnabulak.de
S. 13, 97, 98

NEL wurde 1953 in Rumänien geboren. Er studierte in Halle Innenarchitektur. Seit 1984 ist er als freischaffender Cartoonist tätig. Er veröffentlicht regelmäßig in diversen Tageszeitungen und im *Eulenspiegel* und wurde vielfach ausgezeichnet. 2011 belegte er etwa den ersten Platz beim »Deutschen Karikaturenpreis«.
www.nelcartoons.de
S. 12, 34, 56

OL wurde 1965 in Berlin geboren, wo er immer noch lebt. Er zeichnet unter anderem für die *Berliner Zeitung*, das *Börsenblatt*, *Jungle World*, *tip* und *n-tv*. Er wurde mehrfach ausgezeichnet. Im Jahr 2021 belegte er etwa den ersten Platz beim »Deutschen Karikaturenpreis«.
www.ol-cartoon.de
S. 22, 23

Thomas Plaßmann wurde 1960 in Essen geboren. Er studierte Geschichte und Germanistik. Seit 1987 ist er als freischaffender Karikaturist unter anderem für die *Frankfurter Rundschau*, die *Neue Ruhrzeitung*, die *Berliner Zeitung* und die *Hannoversche Allgemeine Zeitung* tätig. Er wurde mehrfach ausgezeichnet, zuletzt 2019 mit dem Publikumspreis bei der »Rückblende – Deutscher Preis für politische Fotografie und Karikatur«.
www.thomasplassmann.de
S. 119

Ari Plikat wurde 1958 in Lüdenscheid geboren. Er studierte Grafikdesign in Dortmund und Leeds und arbeitet freiberuflich als Illustrator und Cartoonist. Seine Arbeiten erscheinen neben vielen anderen Zeitungen und Zeitschriften auch in *Titanic*. Er wurde mehrfach ausgezeichnet. Zuletzt belegte er im Jahr 2020 den dritten Platz beim »Deutschen Karikaturenpreis«.
www.ariplikat.de
S. 72, 77, 125

Rattelschneck – Das Das Zeichnerduo Marcus Weimer und Olav Westphalen lernte sich während des Studiums an der Hamburger Fachhochschule für Gestaltung kennen. Sie zeichnen unter anderem für *Titanic*, die *Süddeutsche Zeitung*, die *FAZ*, und *Die Zeit*. Im Jahr 2007 erhielten sie den »Bernd-Pfarr-Sonderpreis für Komische Kunst«.
www.rattelschneck.de
S. 88, 103

Leonard Riegel, wurde 1983 in Göttingen geboren und studierte Visuelle Kommunikation in Kassel. Seit 2015 ist er Redakteur beim Satiremagazin *Titanic*. Im Jahr 2016 belegte er den ersten Platz beim »Deutschen Cartoonpreis«, 2019 gehörte er zu den Siegern des NABU-Cartoonwettbewerbs zum Thema »Speicherwald«.
www.leonardriegel.de
S. 89

Holga Rosen ist Jahrgang 1970 und lebt und arbeitet als Cartoonist in Dortmund. Er zeichnet unter anderem für die *Ruhr Nachrichten*, den *Westfalenspiegel* und *Psychologie Heute Compact*. Er ist außerdem als Kinobetreiber und Kurzfilmmacher tätig. Im Jahr 2020 belegte er den zweiten Platz beim »Deutschen Cartoonpreis«.
www.holgarosen.de
S. 22

Stephan Rürup wurde 1965 in Bad Oeynhausen geboren. Er studierte Design an der FH Münster und arbeitet heute als Bilderbuchautor und Illustrator für verschiedene Verlage. Von 1997 bis 2014 war er Redaktionsmitglied bei *Titanic*. Im Jahr 2008 erhielt er den »Bernd-Pfarr-Sonderpreis für Komische Kunst«. 2012 belegte er den dritten und 2018 den ersten Platz beim »Deutschen Cartoonpreis«.
www.stephanruerup.de
S. 11, 45, 75, 116

Heiko Sakurai wurde 1971 in Recklinghausen geboren. Seine Cartoons erscheinen regelmäßig in der *WAZ*, dem *Kölner Stadtanzeiger* und der *Berliner Zeitung* sowie weiteren Tageszeitungen. Er wurde mehrfach ausgezeichnet. In den Jahren 2013 und 2021 belegte er den ersten Platz bei der »Rückblende – Deutscher Preis für politische Fotografie und Karikatur«.
www.sakurai-cartoons.de
S. 83, 117

Schilling & Blum – Das Duo besteht aus Michael Schilling, geboren 1983 in Mannheim, und Jan Blum, geboren 1982 in Euskirchen. Von Köln und London aus veröffentlichen sie Cartoons u.a. in *Psychologie heute*, *stern* und *Titanic*. Im Jahr 2014 belegten sie den dritten Platz beim »Deutschen Karikaturenpreis«.
www.vomlebengezeichnet.de
S. 86, 92

Bettina Schipping wurde 1967 in Düsseldorf geboren und studierte Visuelle Kommunikation. Sie lebt und arbeitet in Düsseldorf als Grafik-Designerin, Illustratorin und Cartoonistin.
www.bettinaschipping.de
S. 43, 60, 73

Klaus Stuttmann wurde 1949 in Schwaben geboren. Er studierte Geschichte und Kunstgeschichte an der TU Berlin. Seine Karikaturen werden unter anderem in der *Leipziger Volkszeitung*, im *Tagesspiegel*, in der *taz*, im *Freitag* und im *Eulenspiegel* veröffentlicht. Er wurde

vielfach ausgezeichnet. Zuletzt belegte er 2021 den dritten Platz beim »Deutschen Cartoonpreis« und 2022 den zweiten Preis bei der »Rückblende – Deutscher Preis für politische Fotografie und Karikatur«.
www.stuttmann.de
S. 23, 27, 34

Peter Thulke wurde 1951 in Wismar geboren. Er arbeitete als Bühnenarbeiter und Paketbote, seit 2000 als freischaffender Cartoonist und Illustrator. Seine Cartoons veröffentlicht er heute unter anderem im *Medical Tribune* und im *Eulenspiegel*.
S. 25, 26, 38

©**TOM** wurde 1960 in Säckingen geboren. Sein Studium der Geschichte und Politologie brach er ab und widmete sich ganz dem Zeichnen. Seit 1991 erscheinen seine »Touché«-Comicstrips täglich in der *taz*. Im Jahr 2000 wurde er mit dem »Max und Moritz-Preis« für den besten deutschsprachigen Comicstrip ausgezeichnet.
S. 6, 14, 70, 93, 115

Freimut Woessner wurde 1945 in Österreich geboren. Er studierte Psychologie in München, Marburg und Saarbrücken. Seit 1980 ist Woessner als freischaffender Karikaturist tätig. Seine Zeichnungen und Fotomontagen erscheinen unter anderem im *Eulenspiegel*, in *Psychologie Heute*, in *Dr. med. Mabuse* und der *taz*. Er wurde mehrfach ausgezeichnet, unter anderem im Jahr 2007 mit dem »Berliner Naturschutzpreis«..
www.freimut-woessner.de
S. 46, 102

Miriam Wurster wurde 1964 in Hamburg geboren. Die studierte Grafikdesignerin arbeitet für zahlreiche Magazine, darunter der *Eulenspiegel*, *Titanic* und das *FAZ-Magazin*. In den Jahren 2015 und 2020 belegte sie den zweiten Platz beim »Deutschen Karikaturenpreis«.
www.miriamwurster.de
S. 46, 83, 90

Herausgeber und Herausgeberin

Martin Sonntag, geboren 1968 in Minden/Westfalen, studierte Geschichte und Sport. Seit 1994 für die Caricatura Galerie in Kassel tätig. 1999 gründete er eine Agentur für Komische Kunst, und seit 2000 leitet er die Caricatura Galerie in Kassel.

Saskia Wagner wurde 1982 in Kassel geboren und studierte Komparatistik, Amerikanistik und Gender Studies in Göttingen. Seit 2009 gehört sie zum Team der Kasseler Caricatura Galerie, seit 2016 als stellvertretende Geschäftsführerin.